RECHERCHES

LE PAPIER-MONNAIE

AU NUMÉRAIRE

LETTRE SUR LA QUESTION FINANCIÈRE

ADRESSÉE A UN REPRÉSENTANT DU PEUPLE

PAR N. CABANILLAS

« La monnaie est dans sa condition véritable
« lorsqu'elle est à l'état de papier. »

(RICARDO.)

LE MANS

JULIEN, LANIER ET C⁹, IMPRIMEURS-LIBRAIRES
PLACE DES HALLES, 12

1848

RECHERCHES

POUR SERVIR À L'HISTOIRE DU

LE PAPIER-MONNAIE

AU SUÉDAINE

LETTRE SUR LA QUESTION FINANCIÈRE

LE VASS

PARIS
IMPRIMERIE ET LIBRAIRIE

Le Mans, 20 juin 1848.

Mon cher ami,

Lorsqu'un homme, ayant quelque pratique des opérations financières, après avoir étudié les principes de l'économie politique, se passionne pour cette science, et observe la situation actuelle du crédit en Europe et la crise commerciale, financière et politique de la France en particulier, il ne peut résister au désir de se livrer à des recherches qui, sans avoir la prétention d'aboutir à de savantes théories, puissent contribuer à répandre le bien-être dans les nations, en établissant l'équilibre entre les moyens financiers dont elles disposent et le but vers lequel doivent tendre tous les efforts des gouvernements : *rendre l'aisance aussi générale que possible.*

On est d'autant plus porté à se livrer à ces recherches qu'il n'est plus permis de douter que la France ne marche à grands pas vers la banqueroute, et, par conséquent, vers la nécessité d'une réforme complète du système d'économie politique actuel qui l'aura amenée.

Malgré l'engagement solennel pris, à la face du monde, par le ministre des finances, dans la séance de l'assemblée nationale du 15 courant, de ne jamais créer aucun papier, quels que soient les expédients auxquels se livrera le gouvernement, il n'évitera pas la catastrophe; il ne fera pas que l'or et l'argent ne tendent à diminuer en Europe, alors que le développement constant et progressif des besoins augmente sensiblement.

Les flots de numéraire qui n'avaient cessé de déborder sur l'Europe vers la fin du xv⁵ siècle, dit Blanqui aîné, historien moderne de l'économie politique, commencent à se retirer avec lenteur, mais *avec persévérance*, et les pays les plus avancés dans la carrière de l'industrie et du commerce sont obligés de demander au crédit ce que *les mines ont cessé de fournir* au gré de leurs besoins. La monnaie de papier tend à déprécier l'or et l'argent et à *prendre leur place sur tous les marchés de l'Univers.*

Cette opinion se trouve confirmée par les longues et ingénieuses recherches de Humbolt, lesquelles lui ont fait également reconnaître que l'or et l'argent qui, de l'Asie-Méridionale, de l'Afrique et de l'Amérique avaient afflué d'âge en âge sur l'Europe, remontent aujourd'hui vers l'Asie-Septentrionale par une sorte d'attraction excitée, sans doute, par un plus grand besoin de civilisation : d'où il conclut *qu'il importe d'adopter un nouveau moyen de crédit qui supplée à l'insuffisance du numéraire*, soit par la création de banques, soit par tous autres systèmes de crédit, laissant la solution du problème aux hommes d'état, aux économistes et aux financiers.

Je ne me préoccupe nullement de la disparition subite des capitaux qui étaient dans la circulation avant la révolution de février; il n'y a là qu'un état transitoire, né du manque de confiance, et qui disparaîtra, sans nul doute, avec les craintes qui ont éloigné cette confiance dont le numéraire est le compagnon inséparable. — Quelques mois de tranquillité et de bonne administration, et la France se trouverait dans la situation commerciale et financière léguée par le gouvernement déchu, aggravée seulement de quelques centaines de millions de plus dans son passif.

Mais il s'agit d'examiner si, en suivant le système financier qui a prévalu jusqu'ici en Europe, à quelques variantes près, il est possible de dominer la situation et de marcher avec les améliorations que les peuples ont le droit d'exiger dans leur condition actuelle. — Je dis, sans hésitation : Non !

Non seulement vous ne marcherez pas, mais vous ne pourrez même pas rester dans le *statu quo* sans augmenter votre dette, et, on l'a dit avant moi, rester dans l'immobilité dans ce siècle, c'est reculer.

J'ai dit que les capitaux quittaient l'Europe, et je n'entreprendrai pas de prouver un fait qui se trouve attesté par les recherches auxquelles se sont livrés des économistes distingués dont l'autorité n'a certes pas besoin de mon insignifiant appui. — Il est facile d'ailleurs de se convaincre que le numéraire est hors de toute proportion avec les besoins actuels des nations. — En effet, des calculs récents de Humbolt et de H. Storch, confirmés par le travail curieux publié dans l'appendice B. du 2ᵉ vol. de l'*Histoire de l'Economie politique*, du vicomte Alban de Villeneuve-Bargemont, il résulte que la masse du numéraire d'or et d'argent qui se trouvait en Europe en 1841, ne s'élevait qu'à six milliards environ, répartis comme suit :

La France	fr. 2,700,000,000
La Grande-Bretagne	1,100,000,000
L'Espagne	450,000,000
Le Portugal	150,000,000
La Hollande et la Belgique	300,000,000
A reporter	4,700,000,000

<pre>
                    Report.   4,700,000,000
          L'Autriche.   275,000,000
          L'Italie.   250,000,000
          La Prusse.   220,000,000
          L'Allemagne et la Suisse. . .   210,000,000
          La Russie.   300,000,000
                                        ─────────────────
                  TOTAL. . . . . . . fr. 5,955,000,000
</pre>

D'un autre côté, on a calculé qu'à la même époque, 1841, la masse des dettes contractées par les grands Etats de l'Europe s'élevait à plus de 36 milliards, savoir :

<pre>
          La Grande-Bretagne. . . . . . fr. 19,000,000,000
          La France.   5,500,000,000
          La Hollande et la Belgique. . .   4,000,000,000
          L'Espagne.   4,000,000,000
          La Russie.   1,000,000,000
          L'Autriche.   1,000,000,000
          Le Portugal.   500,000,000
          La Prusse.   500,000,000
          Les autres Etats d'Europe. . .   750,000,000
                                        ─────────────────
                  TOTAL. . . . . . . fr. 36,250,000,000
</pre>

En outre, il existe en Europe environ 20 milliards d'actions en billets de banque, actions de canaux, de chemins de fer, de différentes entreprises industrielles, et divers papiers en circulation, ce qui porte à près de 60 *milliards* le montant des valeurs successivement émises en papiers de toute nature.

Le rapport du numéraire aux valeurs fictives ou de confiance, serait donc :: 1 : 10 3/5, c'est-à-dire qu'on a porté le crédit au décuple de la valeur du gage monétaire. — Il faut encore noter que dans ces calculs ne se trouve pas comprise l'énorme quantité de papier fictif émis aux État-Unis, et dans les autres parties du monde avec lesquelles la France a des rapports de commerce.

Si telle est la situation réelle de l'économie financière de l'Europe, et on ne saurait en douter, il devient évident que le système suivi jusqu'ici est mauvais, usé, et qu'il n'est plus en rapport avec les besoins du commerce et de l'industrie de notre époque. — Chaque année, chaque jour, le numéraire deviendra de plus en plus insuffisant pour faire face au développement commercial et industriel de l'Europe.

Il faut donc chercher un remède, prompt et efficace, à un état de choses funeste sous tous les rapports.

A mon avis, tant que ce préjugé qui présente l'or et l'argent comme les seules richesses à la possession desquelles doivent aspirer les nations, tant que ce préjugé, dis-je, subsistera, il sera impossible de laisser conjointement dans la circulation le numéraire et le papier-monnaie. — La valeur de celui-ci sera constamment dépréciée, absorbée par l'autre : l'existence simultanée de ces deux agents est matériellement impossible, car la présence seule du papier cause immédiatement l'exportation du numéraire métallique qui, ne pouvant plus être offert que sur le même pied que le papier-monnaie, court chez l'étranger chercher des acquéreurs qui puissent le prendre pour la valeur qu'on lui attribue.

Pour que le gouvernement puisse entrer franchement et immédiatement dans la réforme que je propose, réforme vers laquelle nous marchons forcément, mais trop lentement, ce qui est démontré par le malaise qui nous envahit de toutes parts, et qui, suivant moi, ne fera que s'accroître jusqu'à ce qu'on arrive à une catastrophe financière inévitable, il faudrait tout d'abord décréter que *l'or et l'argent n'ont plus cours comme système monétaire.*

En livrant le fruit de mes recherches sur cette grave question aux futurs restaurateurs de la science qui nous occupe, je crois pouvoir démontrer que la chose est plus facile qu'elle ne le paraîtra aux hommes qui n'ont pas dirigé leurs études vers l'économie politique, ou qui, bien que s'en étant occupés, ne partagent pas mes convictions à cet égard.

Je dois d'abord faire remarquer que si, comme on le pense en général, les métaux précieux faisaient le bonheur, la richesse et la prospérité des nations, le Mexique, le Pérou, l'Espagne, devraient être à l'apogée de la grandeur commerciale, industrielle et financière. — Il n'y a qu'à jeter un regard sur la situation de ces Etats pour se convaincre que ceux qui pensent que les Gouvernements doivent toujours attirer les capitaux au sein du pays national, poursuivent une chimère et prennent l'effet pour la cause, car c'est par l'industrie, l'agriculture et le commerce que les nations arrivent à la richesse.

Tout nous porte à croire, dit Blanqui, que les anciens partageaient les *préjugés* modernes au sujet des métaux précieux. Il est tellement vrai que le préjugé est la seule cause de tous les embarras financiers que, supposons, avec J. Garnier, que la France ait besoin de deux milliards pour le service des échanges qu'elle est appelée à faire : si, par un moyen quelconque, il était possible de jeter tout à coup deux milliards de plus dans la circulation, qu'arriverait-il ? La France n'ayant toujours à offrir contre la monnaie que la même quantité de marchandises, il adviendrait que l'on donnerait 10 francs où l'on en donne 5. — L'expérience a démontré que toutes les fois qu'on a augmenté le nombre des unités monétaires, leur valeur a baissé en proportion et elle a augmenté à mesure qu'on diminue ce nombre. — Ce même phénomène s'est présenté pour le papier-monnaie partout et toujours. — Les évènements financiers survenus en Angleterre ont prouvé que le seul besoin d'un agent de la circulation, d'une marchandise-monnaie, pouvait soutenir la valeur d'un papier *absolument dénué de gage*, POURVU, dit Ricardo, *qu'on en borne l'émission à celle que réclament les besoins de la circulation*. — Par l'attention que la banque d'Angleterre apporte à borner la somme de son papier-monnaie au strict nécessaire, nous voyons ses billets se soutenir presque au niveau de celui des espèces. — Enfin, si l'or et l'argent disparaissaient totalement, ainsi que je le désirerais, le papier-monnaie restant seul pour subvenir aux usages de la circulation, le besoin absolu qu'on a d'un intermédiaire pour les échanges contribuerait à soutenir sa valeur.

Un fait historique contemporain vient à l'appui de mon opinion sur les préjugés au sujet des métaux :

La banque de Hambourg, fondée en 1619, devint bientôt célèbre. — On connaissait ses Statuts qui lui prescrivaient de n'émettre du papier qu'en proportion des dépôts qu'elle aurait en espèces ou en lingots, et qui exigeaient que toutes ses opérations fussent surveillées par une commission et que la ville fût responsable des dépôts. Aussi devint-elle bientôt le réservoir de tout le numéraire du pays, la caisse d'épargne de la ville et des provinces voisines. L'émission de son papier était considérable, et le public le préférait au numéraire, lorsque l'armée française, au commencement de ce siècle, se trouvant assiégée dans ses murs, s'empara des lingots et du numéraire, gage des valeurs fictives qui étaient dans la circulation. — L'administration de la banque se garda bien d'ébruiter l'enlèvement qui avait eu lieu; la commission était censée faire son inspection trimestrielle pour s'assurer que les caisses renfermaient bien la monnaie et les lingots, pendant que des notes diplomatiques secrètes étaient échangées pour obtenir la restitution qui n'eut lieu, je crois, qu'en 1815 ou 1816; le secret fut bien gardé, et le papier n'éprouva pas la moindre dépréciation pendant de nombreuses années. — L'idée que les coffres contenaient toujours les métaux précieux représentant le papier émis suffisait *seule* pour donner confiance. — C'est ce qui arrive aujourd'hui avec la banque de France et ses billets.

On objectera contre mes idées les désastres financiers qui ont suivi l'adoption du système de Law, en 1708, et l'émission des assignats en 1789; mais il est facile de se convaincre qu'on peut éviter de retomber dans les fautes qui furent commises à ces deux époques célèbres dans l'histoire financière de France. — Il suffit d'avoir lu avec quelque attention la marche imprimée à ces systèmes, bons en eux-mêmes, pour s'apercevoir qu'on fit tout ce qu'il fallait pour échouer et pour arriver à des résultats désastreux. — Je ne me lasserai pas de répéter que, quel que soit l'agent employé pour les besoins de la circulation, il ne faut jamais perdre de vue qu'il doit toujours être en proportion de ces besoins; que cet agent ne fait pas naître l'industrie, l'agriculture, le commerce qui font la seule, la vraie richesse des nations. Et cependant nous voyons Law, esprit droit, financier habile, se persuader que multiplier le signe de la richesse c'était multiplier la richesse elle-même,...... Erreur funeste qui entraîna sa chute, parce qu'elle servit de base à tous ses projets.

Aussi, partant de ce faux principe, Law avait émis en 1719, dit le vicomte de Villeneuve Bargemont, 96 *milliards de papier !* Bientôt, dit le savant écrivain qui me fournit ces détails, le prix vénal des actions s'éleva à vingt fois leur valeur nominale; la confiance qu'elles inspiraient s'accrut encore lorsque la banque eut acquis le privilége de l'ancienne compagnie des Indes fondée par Colbert. Ce fut l'apogée du système. Alors la séduction et l'entraînement gagnèrent tous les esprits; chacun s'empressa d'échanger son or contre du papier avec une frénésie qu'excitait la vue de fortunes aussi rapides qu'énormes, surgissant de tous côtés. Tel individu qui avait commencé avec un billet d'état, à force de troquer contre de l'argent des actions ou des billets, se trouvait avoir des millions au bout de quelques semaines. Des hommes inconnus devinrent, en moins de six mois, plus riches que des princes. Ce jeu nouveau et prodigieux où tous les citoyens pariaient les uns contre les autres, éveilla dans toutes les conditions un sentiment de cupidité auparavant inconnu. La rue *Quincampoix* était le rendez-vous de tous les actionnaires et le théâtre de leur agiotage effréné. — On sait que la foule s'y pressait au point que plusieurs personnes y furent étouffées...... Law, séduit lui-même par son système et s'exaltant de l'ivresse publique autant que de la sienne propre, avait successivement émis une quantité telle, qu'en 719, elle représentait *quatre-vingts fois* tout le numéraire qui pouvait circuler dans le pays, c'est-à-dire 96 *milliards de francs !* — Le chancelier d'Aguesseau, sans combattre d'une manière absolue les théories financières de Law, avait démontré qu'elles recevraient nécessairement une extension qui en amènerait la ruine. — De son côté, le duc de Noailles, qui avait d'abord approuvé l'établissement d'une banque générale et apprécié les avantages de cette institution *contenue dans de sages limites*, ne tarda pas à combattre l'*extension abusive* que l'on prétendait lui donner. — Après avoir tracé toutes les phases par lesquelles passa le système de cet étranger si fatalement célèbre, M. de Villeneuve Bargemont ajoute : « Les actions qui, dans le paroxysme de l'infatuation publique, avaient « été portées au vingtuple de leur valeur nominale, tombèrent rapidement dans la pro- « portion de cent à un. Law, chargé de l'exécration de la France, fut obligé de fuir en « secret le pays qu'il avait promis d'enrichir et qu'il avait bouleversé. »

Après cette lecture, il n'est pas besoin de faire ressortir les causes qui amenèrent la catastrophe.

Pour la seconde objection, celle qui domine tous les esprits dès qu'il s'agit d'avoir recours à la création d'un signe quelconque pour remplacer le numéraire, je ne puis mieux faire que de citer Joseph Garnier :

« La première émission d'assignats, dit cet auteur, eut lieu en 1789; elle fut de 400 millions de francs, mais elle ne tarda pas à être suivie de plusieurs autres; dans la même année il y en eut 800 millions en circulation. Vers la fin des travaux de l'Assemblée législative (août 1792) il y avait 2 milliards 200 millions d'assignats, et un rapport lu à la Convention faisait connaître qu'il y en avait 6 milliards en mai 1794. En somme, en ajoutant toutes les émissions, on trouva qu'à la fin de 1795 on en avait fabriqué *plus de 40 milliards*, sans compter le papier-monnaie que les insurgés de la Vendée et de la Bretagne mirent en circulation pour payer leurs fournisseurs. »

La dépréciation commença avec les premières émissions; elle était de 10 pour 0/0 vers le commencement de 1791, et elle arriva progressivement à être de 78 pour 0/0 vers la fin de 1794. Tout le monde sait qu'à cette époque de conflagration générale on vit débourser dix mille francs en papier pour acheter une paire de bottes; 700 fr. pour une livre de beurre; 30 fr. pour un sucre d'orge, et enfin, dans certaines localités, on donnait pour deux liards 100 livres d'assignats.

Je ne parlerai pas des mandats territoriaux, émis en 1796, créés presque immédiatement après les assignats, ils ne tardèrent pas à avoir le même sort.

Je ne m'arrêterai pas davantage aux craintes qu'on pourrait avoir sur les inconvénients de la contre-façon, par suite des gains énormes que se procureraient les faussaires à très peu de frais, et qui seraient d'autant plus nombreux que la prime du crime serait plus forte. Je ne vois là qu'un problème de perfectionnement industriel et de fabrication, qu'il n'est pas impossible de résoudre et qui, du reste, semble résolu par les billets de la Banque de France.

On le voit donc, si les systèmes de Law et des assignats n'ont pas réussi, ce n'est pas qu'ils fussent mauvais en eux-mêmes; ces essais prouvent au contraire péremptoirement, suivant moi, que si, dès le premier jour, le gouvernement, au lieu de se prêter aux extravagances de l'Irlandais, l'avait obligé à n'émettre le papier que dans les proportions nécessaires; s'il avait veillé, avec sollicitude, à ce que les émissions n'eussent lieu qu'au fur et à mesure des besoins *réels* de la circulation et en proportion du développement industriel, agricole et commercial, on n'aurait pas aujourd'hui à chercher des expédients, à recourir à des palliatifs qui seront impuissants pour rétablir l'équilibre entièrement perdu dans le système d'économie politique.

Eh, mon Dieu! je me servirai encore d'une comparaison familière, mais qui rend parfaitement ma pensée : Si pour les besoins de l'Europe, ou du monde, il est nécessaire de fabriquer cent millions de chapeaux par an, qu'adviendrait-il si on en livrait un milliard? — Absolument ce qui est arrivé pour l'émission du papier. — On n'of-

finirait plus rien d'un chapeau et on ruinerait la chapellerie pour les années suivantes,
jusqu'à ce que l'équilibre entre la fabrication et les besoins fût rétabli.

Après des tâtonnements qui plongeront de plus en plus le pays dans la misère,
on arrivera forcément, j'en ai l'intime conviction, à adopter le système que je propose, qui n'est pas neuf, dont je ne revendique certainement pas le mérite de l'in-
vention.

Il paraît incroyable que les hommes qui s'occupent d'économie politique, que ceux
surtout qui, par d'incontestables talents, ont été souvent à la tête du gouvernement
du pays, oubliant ce grand principe qui dit que c'est par les finances qu'on gouverne
les empires, n'aient pas été frappés de l'immense disproportion qui existe, depuis si
long-temps, et qui s'accroît de jour en jour, entre la richesse métallique, dont on a le
tort, suivant moi, de vouloir faire la matière première, si je peux m'exprimer ainsi,
de toute industrie, de tout commerce, de toute transaction; qu'il n'y a plus aucun rapport, dis-je, entre cette richesse et les besoins de la circulation, pour faire face au
développement immense de l'industrie européenne. — Et cependant on a vu qu'à
l'heure qu'il est, il n'existe dans la circulation que 5 milliards 900 millions de numéraire, alors qu'il en faudrait 13 ou 14 fois autant !... En présence d'un fait aussi concluant
on vient dire que jamais le gouvernement ne consentira à créer aucun papier-monnaie!...
On devrait décréter en même temps la découverte d'une mine qui fournirait *subito* les
60 milliards d'argent qui manquent dans la circulation et qui serviraient pour remplacer et détruire les valeurs fictives en papier dont on ferait un magnifique *auto-
da-fé.*

Je me suis peut-être trop étendu sur le chapitre des objections principales qui seront faites contre mon système. On pourra en faire beaucoup d'autres, mais certainement elles seront nées des deux que je viens de développer.

De ce qui précède, il résulte que ceux qui pensent que la création du papier n'est
possible et ne peut inspirer de la confiance, qu'à la condition qu'on ait *la certitude*
de pouvoir l'échanger contre du numéraire, sont dans une erreur profonde et que
leur confiance n'est basée que sur une illusion. En effet, comment rembourser
les 60 milliards de valeurs qui circulent avec les 5 à 6 milliards de numéraire que
possède l'Europe? — On voit que, malgré le préjugé que j'essaie de combattre en
démontrant qu'au fond l'or et l'argent sont des produits dont la société pourrait se
passer avec le moins d'inconvénients, la force des choses a déjà donné gain de cause à
ceux qui, comme moi, pensent que *la suppression du numéraire* est le seul moyen d'é-
viter le retour des crises financières et d'assurer le développement progressif des
trois branches qui font la richesse des nations : l'agriculture, l'industrie et le commerce.

Je n'ai certainement pas la prétention de m'ériger en législateur; toute mon ambition se borne à faire des recherches qui puissent contribuer au bonheur de l'humanité. Si je parviens à placer un jalon dans cette voie, j'aurai atteint le but de mes désirs.

En supprimant le numéraire, je propose de le remplacer par un système bien simple, dans la pratique.

L'Etat émettrait du papier-monnaie de deux sortes et dont le cours serait obligatoire de fait et de droit, puisque la circulation de tout autre agent représentatif du numéraire actuel aurait été interdite et ne servirait qu'à payer les impôts et les droits de toute nature que perçoit le gouvernement.

La première catégorie de papier-monnaie serait destinée à ce que j'appellerai, en termes de commerce, le fonds de roulement nécessaire pour pourvoir aux dépenses *improductives* de l'Etat telles que les frais du gouvernement, l'entretien de l'armée, de la marine, émoluments des employés, service de l'intérêt de la dette publique, en un mot, des sommes représentant le chiffre du budget des dépenses ordinaires présumé de la nation.

Cette émission faite au commencement de chaque année serait *égale* au montant des recettes provenant des divers impôts qui devraient être perçus dans le courant de l'année. — Au fur et à mesure de la perception des impôts, le papier-monnaie qui les représenterait temporairement serait retiré de la circulation. — On serait sûr par ce moyen d'établir cet équilibre entre les recettes et les dépenses qu'on a vraiment cherché jusqu'ici.

La seconde catégorie du papier à émettre se composerait des valeurs spéciales, destinées à faire face aux dépenses des travaux *productifs* entrepris pour compte de la nation tels que chemins de fer, canaux, routes, ponts, etc., etc.

Ces émissions de papier devraient être amorties par les produits des travaux qu'elles auraient créés. Je m'explique : Cinquante millions sont nécessaires pour établir un chemin de fer : on émet pour cinquante millions de papier, *au fur et à mesure des besoins de l'entreprise,* et portant l'indication de l'objet spécial auquel il est destiné. — Le chemin étant construit, les premiers revenus servent à l'amortissement annuel et progressif du papier créé *ad hoc.* — Le pays se trouverait doté d'une chose utile, productive, et qui, se payant par elle-même, ne grèverait l'Etat en aucune manière.

Il en serait de même pour un canal, une route, etc.

On se renfermerait ainsi dans ce grand principe donné sous forme d'aphorisme de finances, qui veut que tout papier soit gagé par une valeur réalisable. Jusqu'ici on a cherché ce gage dans le numéraire déposé à la Banque de France. — Banque et numéraire n'existeraient plus, puisqu'il est prouvé qu'ils sont insuffisants.

D'autres économistes ont pensé qu'à défaut du numéraire, représentant la valeur du papier émis, on pourrait hypothéquer le territoire national; mais si un porteur de ces valeurs fictives voulait réaliser, il faudrait donc faire exproprier et vendre la partie afférente à la garantie. Où prendre le gage? J'avoue que cela me paraît complètement impraticable.

Dans mon projet, je présente pour gage de la première émission les recettes provenant des impôts et des droits de toute nature que perçoit le Gouvernement. — Dans les émissions spéciales de la seconde catégorie, le gage se trouverait dans l'exécution des travaux qu'elles seraient appelées à créer.

Les revenus de ces dernières créations une fois rentrés dans la propriété et venant accroître les ressources de l'Etat, ce qui arriverait après l'amortissement de tout le papier émis, seraient appliqués à l'extinction de la dette publique, soit par séries, ou par tel moyen pratique qui serait réglé ultérieurement.

On aurait ainsi la possibilité de faire face aux charges de la République, sans recourir à des emprunts qu'on ne réaliserait aujourd'hui qu'à des conditions onéreuses pour le pays; qu'il serait peut-être même impossible de réaliser à aucun prix.

Les avantages de mon projet sont immenses; ainsi on solderait les arrérages échus sans accroître les impôts qu'on éprouve tant de peine à faire payer; on ranimerait le commerce, car plus on entasse et cache le numéraire, plus on cherchera à ne pas conserver long-temps le papier; au lieu de se livrer à une économie parcimonieuse qui augmente journellement, on achètera, on vendra, on prêtera, on se livrera aux spéculations industrielles; tout ce qui est comme anéanti depuis le 24 février reprendrait une vigueur nouvelle. Loin de se désoler à côté de quelques écus auxquels on n'ose toucher, on se procurerait tout ce qui est nécessaire, on paierait ses dettes, les terres, dont le prix diminue chaque jour reprendraient leur valeur. Comme on ne songerait pas à thésauriser du papier, on ferait bâtir, on augmenterait ses domaines, on les embellirait, on emploierait ainsi des bras oisifs. — La panique actuelle étant dissipée, les impôts se trouveraient augmentés par les droits qu'entraîneraient les ventes, les achats, les mutations et transactions en tout genre.

Ces avantages me sont signalés par une personne qui, opposée d'abord à mon système, partage aujourd'hui ma conviction sur son efficacité.

Le *seul* inconvénient inhérent à la nature du papier-monnaie étant la facilité avec laquelle le Gouvernement peut le multiplier, il s'agirait de prendre les précautions nécessaires, les mesures les plus rigoureuses, pour que les émissions ne puissent, dans aucun cas, être abusives. — Ce problème ne me paraît pas insoluble pour des législateurs.

Les mêmes précautions devraient être prises pour que l'amortissement du papier ne fût pas illusoire et se fît régulièrement; autrement on retomberait dans les fautes déjà commises. Il ne s'agit pas de faire comme l'Angleterre, qui, depuis 1793, emprunte d'un côté ce qu'elle rembourse de l'autre.

Les hommes du *métier*, sur ces simples données, saisiront ma pensée sans nul doute; tout le reste n'est que le mécanisme du détail. — Je livre là mon idée mère. Après avoir indiqué le principe, je laisse le champ libre à l'esprit des économistes.

En ce qui concerne les appoints au-dessous de 5 francs, car je pense qu'il ne serait pas convenable d'émettre des coupures de moindre valeur, comme je tiendrais essentiellement, par les raisons que j'ai développées, à ne pas laisser dans la circulation le moindre agent monétaire de ceux qui existent aujourd'hui, je proposerais de créer une monnaie nouvelle, d'un métal ou composition sans aucune valeur intrinsèque.

Il n'est peut-être pas inutile de faire ressortir ici que tous les ouvrages d'économie politique s'accordent sur ce point, qu'on n'a adopté le numéraire d'or et d'argent, dans les temps modernes, que parce que c'est l'agent dont la valeur éprouve le moins de variations par suite des frais d'extraction, de mercure, et autres qu'il occasionne avant d'arriver dans la circulation; mais que la science, qui depuis long-temps fait des recherches pour atteindre ce but, arrive à pouvoir traiter l'argent sans le secours du mercure. et du jour au lendemain on verrait ce métal perdre plus de la moitié de sa valeur. On a compris qu'il fallait, pour la facilité des transactions, des échanges entre les peuples, adopter un signe uniforme, au lieu des agents tels que des coquillages, du sel, etc., etc., dont on se servait anciennement.

Au Mexique, pays des métaux, au moment de la conquête, les grains de cacao servaient de numéraire, au dire des historiens espagnols de cette époque.

En Russie, jusqu'au règne de Pierre 1er, la monnaie était de cuir.

Licurgue et les Lacédémoniens employaient la monnaie de fer, afin qu'on ne pût ni l'entasser, ni l'emporter facilement.

Jusqu'au temps de Servius Tullius, dit Pline, les Romains se servaient de lingots bruts, sans empreinte, qu'on avait l'embarras de faire peser et essayer.

L'extrême convenance des métaux précieux, dit Say, les a fait préférer pour servir de monnaie; nulle autre matière n'y est plus propre. Mais j'ajouterai que c'est à la condition qu'ils existeront *en quantité suffisante* pour subvenir à tous les besoins nouveaux créés par le développement de l'industrie et du commerce; mais si, comme je crois l'avoir démontré, ils ne sont plus dans ces conditions; si, par le fait, dès ce moment, ils ne figurent déjà plus, pour ainsi dire, que comme des appoints dans la masse énorme des capitaux nécessaires, faut-il que l'humanité s'arrête dans sa marche, parce que le rendement des mines n'est plus en rapport avec les nouveaux besoins? Faut-il que les hommes, agités sans cesse par des crises financières qui deviendront bientôt incessantes, se trouvent en continuel antagonisme, parce que le nombre de ces petits morceaux de métal n'est pas assez grand?....

Non, mille fois non, la raison finira par triompher de tous les préjugés. — Il appartient à notre époque de régénération d'entrer à pleines voiles dans la réforme radicale que je propose.

La création des valeurs fictives déjà en voie d'exécution, forcément et quoi qu'on en dise, peut seule rétablir l'équilibre perdu et conjurer les orages affreux qui se préparent dans un avenir prochain; tous les expédients qu'on propose, les emprunts à la Banque de France, les échanges, les ventes de bois, ne sont que des émissions de papier déguisées, car la Banque de France ne pourra que vous donner du papier; ceux qui achèteront les bois, si tant est qu'on trouve des acheteurs, ne vous donneront que du papier, puisque le numéraire n'existe plus en quantité suffisante en Europe.

En empruntant 150 millions à la Banque (ressource qui sera bientôt épuisée), on lui donne d'excellentes garanties et on lui paie de forts intérêts; cependant que reçoit le Gouvernement, autre chose que du papier? Pourquoi le Gouvernement n'émettrait-il donc pas ce papier sans intermédiaire? Il gagnerait d'abord les intérêts. Que si, par suite de l'habile direction donnée à cette institution de crédit, il paraissait utile de la conserver, pourquoi la laisser en dehors du Gouvernement, et faire gagner aux actionnaires, par le seul fait du privilége qu'on leur a accordé, des intérêts que le Gouvernement paie le premier *en échange de papier?*

Ce n'est donc pas là la chose qui effraie la nation, c'est le nom qu'elle porte.

On me dira qu'il faut respecter les préjugés. — Je réponds qu'il faut les combattre, qu'il faut aborder franchement la difficulté; que les demi-mesures nous tuent, que c'est un crime de persévérer dans une voie funeste qui conduit la France à sa ruine; que l'homme d'Etat, le Ministre des finances, qui osera dire au pays la vérité, et qui parviendra à dissiper cette prévention injuste et malheureuse qui existe contre tout système de papier-monnaie, s'immortalisera en devenant le bienfaiteur de son pays, de l'humanité tout entière.

A vous de cœur,

N. CABANILLAS.

L'utopie de Ricardo, qui sert d'épigraphe à ma lettre, se trouverait ainsi réalisée.